WHEN ANIMALS WERE PEOPLE
CUANDO LOS ANIMALES ERAN PERSONAS

WHEN ANIMALS WERE PEOPLE
CUANDO LOS ANIMALES ERAN PERSONAS
A Huichol Indian Tale
Un cuento huichol

Retold by / Recopilado por
BONNIE LARSON

Based on a story told & illustrated by /
Basado en un cuento relatado e ilustrado por
MODESTO RIVERA LEMUS

CLEAR LIGHT PUBLISHERS
Santa Fe, New Mexico

DEDICATION / DEDICACIÓN
To the indigenous people of the Americas who preserve the old wisdom
Para la gente indígena de las Americas que preserva la sabiduría antigua

ACKNOWLEDGMENTS / AGRADECIMIENTOS
Special thanks to Elena Watson for her help and enthusiasm, also many thanks to Edward Larson, Carlos Vivanco, Ginny Wilson, Jonathon and Carolyn Kingson, Carlos Sierra Valderrama, Susan Miller, Fernando Mayans, and Harmon Houghton, Marcia Keegan and Carol O'Shea of Clear Light Publishers.

©2002 by Bonnie Larson
Illustrations © by Modesto Rivera Lemus

Clear Light Publishers
823 Don Diego, Santa Fe, NM 87505
web site: www.clearlightbooks.com

First Edition
10 9 8 7 6 5 4 3 2 1

Library of Congress Cataloging-in-Publication Data

Larson, Bonnie, 1942–
    When animals were people : a Huichol Indian tale = Cuando los animales eran personas / Bonnie Larson : illustrated by Modesto Rivera Lemus.--1st ed.
        p. cm.
    English and Spanish
    Summary: A traditional Huichol folktale of the magical time when animals had human characteristics and were first learning from the Spirits of Nature and each other to find their true homes and unique wisdom.
    Contents: Prologue/Prólogo -- The story/La Historia -- The wisdom of animals -- About the illustrations -- About the Huichol people.
    ISBN 1-57416-051-6
    1. Huichol Indians--Folklore. 2. Tales--Mexico. [1. Huichol Indians--Folklore. 2. Indians of Mexico--Folklore. 3. Animals--Folklore. 4. Folklore--Mexico. 5. Spanish language materials--Bilingual.] I. Title: Cuando los animales eran personas. II. Rivera Lemus, Modesto, ill. III. Title.

F1221.H9 L37 2002
398.2'089'9745--dc21

2002067268
CIP

Jacket art & illustrations © by Modesto Rivera Lemus
Spanish translation by Bonnie Larson
Book design by Bonnie Larson & Carol O'Shea
Typography & production by Carol O'Shea

Printed in Korea

Contents / Índice

Prologue

Long ago, in a magical time, before there were people like us, a great flood destroyed most of the animals and plants on the earth. When the earth was still damp, Takútsi Nakawé, Grandmother of All Growing Things, appeared with her magic walking stick to give life to new plants. New creatures appeared in the lush new world. Each new creature would sometimes appear as a person, sometimes as half-animal and half-person, and sometimes as an animal.

At first, these animal people were not acting right or even living in their right places. Using both kind guidance and harsh lessons, the Spirits of Nature helped each kind of animal person find its true home and achieve its unique wisdom.

This is a story of three of these animal people—the Squirrel People, the Turtle People and the Wolf People—and how they came to be the way they are today.

Prólogo

Hace mucho tiempo, en una edad mágica, antes de que hubiera gente como nosotros, una gran inundación destruyó la mayor parte de las plantas y de los animales del mundo. Cuando la tierra estaba todavía húmeda, Takutsí Nakawé, La Abuela Crecimiento, apareció con su bastón mágico para dar vida a nuevas plantas. Nuevas criaturas aparecieron en el pródigo nuevo mundo. Cada nuevo ser aparecía a veces como persona, a veces como mitad animal y mitad persona y a veces como animal.

Al principio estos animales-personas no se portaban como debían, ni vivían en sus lugares apropiados. A través de buenos consejos así como de duras lecciones, los Espíritus de la Naturaleza ayudaron a cada clase de animal-persona, a encontrar su verdadero lugar y a lograr una sabiduría especial.

Este es un cuento sobre el Hombre Ardilla, el Hombre Tortuga y el Hombre Lobo, tres de estos animales-personas, y de cómo llegaron a ser como son hoy en día.

Many, many years ago, in the shade of a big tree, Turtle Person was busy cooking his lunch. He was thinking of the wonderful feast he was going to have when he heard singing coming from the arroyo.

"Oh, someone is coming! Who could it be?" he thought.

Hace muchos, muchísimos años, a la sombra de un gran árbol, el Hombre Tortuga estaba ocupado cocinando su comida. Estaba pensando en el banquete que iba a tener cuando oyó un canto que venía del arroyo.

— ¡Ay, alguien viene! ¿Quién será? —pensó él.

Out of the arroyo a singing stranger appeared. He was sly looking, but he smiled and seemed friendly. "What are you doing?" he asked. "Something smells good."

"I am cooking meat in this pit," replied Turtle Person.

"Well, if you are cooking meat," said the stranger, "I'll go get some toasted corn to eat with it. Then there will be enough food for both of us. I have friends who live near here. They will give me some corn. I'll be right back."

Entonces del arroyo apareció un extraño que venía cantando. Se veía astuto, pero al sonreír pareció amable.

—¿Qué estás haciendo? —preguntó—. ¡Algo huele bien!

—Estoy cocinando carne en este hoyo —contestó el Hombre Tortuga.

— Pues, si estás cocinando carne —dijo el desconocido—, voy a conseguir maíz tostado para agregarle. Tengo amigos que viven cerca de aquí. Me darán un poco de maíz. ¡Vuelvo enseguida!

As soon as the stranger left, Squirrel Person appeared from the same arroyo. He also asked, "What are you doing?"

Turtle Person said, "I am cooking meat in this pit."

Then Squirrel Person asked, "Has anybody else passed by here?"

Turtle Person answered, "Well, yes, a stranger. I think he wants to be my friend. He went to get toasted corn from his friends for us to eat with the meat."

No bien el desconocido se fue, el Hombre Ardilla apareció del mismo arroyo. También preguntó —¿Qué estás haciendo?

El Hombre Tortuga le dijo —Estoy cocinando carne en este hoyo.

Entonces el Hombre Ardilla le preguntó —¿Pasó alguien por aquí?

El Hombre Tortuga le contestó —Pues, sí, un desconocido. Creo que quiere ser mi amigo. El se fue a pedirles maíz tostado a sus amigos para comer con la carne.

Squirrel Person got very excited. "No, no! That stranger will not come back with corn," Squirrel Person chattered. "He is a wolf! When he tells his wolf friends about you, all the wolves will come and they will eat all the meat! And you too! Even me! Hurry! I will help you take the meat out of the pit and get it up into the tree where the wolves can't get it—or us!"

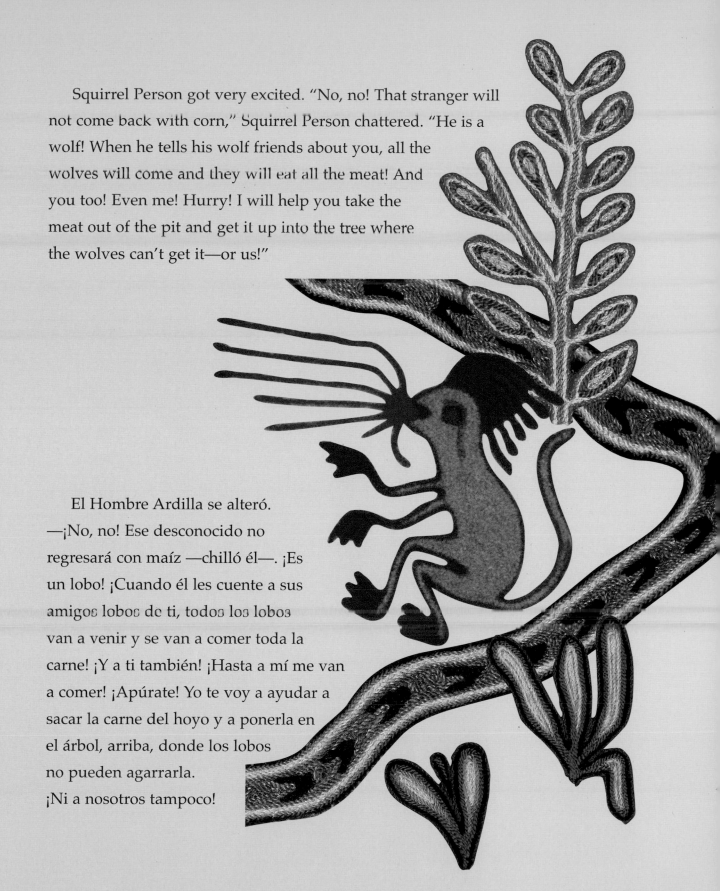

El Hombre Ardilla se alteró. —¡No, no! Ese desconocido no regresará con maíz —chilló él—. ¡Es un lobo! ¡Cuando él les cuente a sus amigos lobos de ti, todos los lobos van a venir y se van a comer toda la carne! ¡Y a ti también! ¡Hasta a mí me van a comer! ¡Apúrate! Yo te voy a ayudar a sacar la carne del hoyo y a ponerla en el árbol, arriba, donde los lobos no pueden agarrarla. ¡Ni a nosotros tampoco!

Everyone knows turtles are not good climbers, but Squirrel Person was able to haul Turtle Person and the meat onto a thick branch high up in the tree. Sure enough, they soon heard wolves digging in the pit and sniffing around under the tree. The wolf had come back with his friends and a little baby wolf.

The wolves could not find Squirrel Person and Turtle Person. Then Squirrel Person had the bad luck to drop a bone. Whoops! It fell right on the pup's head!

"A bone hit me! A bone hit me!" yelped the pup. "It fell out of the sky!"

The wolves looked up and saw the two friends enjoying the meat.

Todo el mundo sabe que las tortugas no trepan bien, pero el Hombre Ardilla logró arrastrar al Hombre Tortuga y la carne arriba sobre una rama gruesa del árbol. Efectivamente, pronto oyeron a los lobos escarbando en el hoyo y olfateando debajo del árbol. El lobo había regresado con sus amigos y un lobito.

Los lobos no pudieron hallar ni al Hombre Ardilla ni al Hombre Tortuga. Entonces el Hombre Ardilla tuvo la mala suerte de que se le cayera un huesito. ¡Uy! ¡Cayó justo encima de la cabeza del lobito!

—¡Me pegó un hueso! ¡Me pegó un hueso! —aulló el cachorro—. ¡Cayó del cielo!

Los lobos miraron hacia arriba y descubrieron a los dos amigos saboreando la carne.

The wolves were very angry at having been tricked.

"Let's knock over the tree!" howled one wolf. Furiously the wolves started gnawing on the trunk of the tree. The tree began to groan and shake.

"We have to jump to another tree!" cried Squirrel Person.

"But I can't jump!" exclaimed Turtle Person.

"Well, I can jump. Just hold on to my tail. Together we'll jump to the next tree where we will be safe," said Squirrel Person.

Los lobos estaban muy enojados porque los habían engañado.

— ¡Vamos a tumbar el árbol! —aulló un lobo. Entonces todos empezaron a roer el tronco del árbol. El árbol empezó a crujir y a temblar.

—¡Tenemos que saltar a otro árbol! —gritó el Hombre Ardilla.

—¡Pero no puedo saltar! —exclamó el Hombre Tortuga.

—Pues, yo puedo saltar. Sólo agárrate de mi cola. Saltaremos juntos al otro árbol donde estaremos a salvo —dijo el Hombre Ardilla.

The tree started to fall. Squirrel Person told his friend, "Hold on tight!" Squirrel Person jumped.

Turtle Person tried to hold on to his friend's tail, but it is hard for turtles to hold on to things. Turtle Person let go. He fell and landed in a puddle of water.

Splash!

El árbol empezó a venirse abajo. El Hombre Ardilla le dijo a su amigo — ¡Agárrate fuerte! — Y el Hombre Ardilla saltó.

El Hombre Tortuga trató de agarrarse bien de la cola de su amigo, pero les es difícil a las tortugas agarrarse bien de algo. El Hombre Tortuga se soltó y se cayó. Acabó en un charco de agua.

¡Se oyó un fuerte chapoteo!

Before Turtle Person could get away the greedy wolves splashed all the water out of the puddle and grabbed him. They tore poor Turtle Person into pieces and ate him up!

Squirrel Person watched sadly from the other tree. He knew he could not help his friend.

Antes de que el Hombre Tortuga pudiera escaparse, los lobos glotones empezaron a chapotear en el charco hasta dejarlo sin agua y lo agarraron. ¡Hicieron pedazos al pobre Hombre Tortuga y se lo comieron!

El Hombre Ardilla estaba mirando con tristeza desde el otro árbol. Sabía que no podía hacer nada por su amigo.

When the wolves had finished eating Turtle Person, they were very thirsty. They had nothing to drink because they had splashed out all the water from the puddle to catch Turtle Person.

Suddenly they felt water drops falling on them. They looked up and saw a vulture on top of a huge rock. The vulture was bathing himself and splashing around a lot of water.

"Hey, Grandfather, where did you find that water?" the wolves shouted.

"Where I always find it—over there, where those trees are," said Grandfather Vulture, who had seen what had happened to Turtle Person.

Cuando los lobos terminaron de comerse al Hombre Tortuga, sintieron mucha sed. No tenían nada de beber porque habían sacado toda el agua del charco para atrapar al Hombre Tortuga.

De repente sintieron que caían gotas de agua sobre ellos. Miraron hacia arriba y vieron un zopilote encima de una roca muy grande. El zopilote estaba bañándose y salpicándo todo.

—¡Oye, Abuelo! ¿De dónde sacaste el agua? —los lobos le gritaron.

—De donde siempre la saco, donde están aquellos árboles —dijo el Abuelo Zopilote, quien había visto lo que le había pasado al Hombre Tortuga.

The wolves raced away very fast in the direction Grandfather Vulture told them to go. They looked all over but didn't find any water. Five times they asked Grandfather Vulture for water. He sent the wolves out in five different directions where there were five different kinds of trees, but they never found water.

"Please tell us the truth. We will die without water!" cried the desperate wolves.

Los lobos se fueron corriendo muy rápido rumbo a donde les dijo el Abuelo Zopilote. Buscaron por todas partes, pero no hallaron agua. Cinco veces le pidieron agua al Abuelo Zopilote. El los mandó en cinco direcciones diferentes donde había cinco diferentes clases de árboles pero nunca encontraron agua.

—¡Por favor, díganos la verdad! ¡Sin agua nos moriremos! —gritaron los lobos desesperados.

"There is no water for you, because you ate Turtle Person," scolded Grandfather Vulture. "Turtle Person makes the water. If you want water, you must put Turtle Person back together and bring him back to life."

—Para ustedes no hay agua porque se comieron al Hombre Tortuga —los regañó el Abuelo Zopilote—. El Hombre Tortuga produce el agua. Si quieren agua, deben hacer de nuevo al Hombre Tortuga y revivirlo.

Finally the wolves understood. They spit up the pieces of Turtle Person and tried to stick them together. At first they didn't do it right. Grandfather Vulture told them to keep trying. When, at last, they fit all the pieces fit together, Turtle Person woke up. Grandfather Vulture told them to put Turtle Person back where they found him. They placed him where the puddle had been.

Finalmente los lobos entendieron. Escupieron los pedazos del Hombre Tortuga y trataron de pegarlos. Al principio no lo hicieron bien. El Abuelo Zopilote les dijo que siguieran intentándolo. Cuando por fin lograron que todos los pedazos encajaran bien, el Hombre Tortuga se despertó. El Abuelo Zopilote les dijo que pusieran al Hombre Tortuga donde lo habían encontrado. Ellos lo pusieron donde había estado el charco.

The wolves watched anxiously as little by little water began to appear. Grandfather Vulture did not let them drink until the puddle was full to the brim. Then the foolish wolves, who had not yet learned their lesson and were still greedy, drank and drank and drank. They drank so much they got very sick!

Los lobos miraban ansiosamente a medida que el agua empezaba a aparecer. El Abuelo Zopilote no les permitió beber hasta que el charco se llenó hasta el borde. Entonces los lobos tontos, que seguían sin aprender la lección y que seguían siendo glotones, bebieron y bebieron y bebieron. ¡Bebieron tanto que se enfermaron completamente!

Even today, when you look at a
turtle's back, you can still see the
pieces the wolves put back together. And
since that time squirrels have lived up in the
trees where they are safe. Wolves became
smarter and learned to be good hunters.

Aun en estos días, cuando miras la espalda de la tortuga,
todavía puedes ver los pedazos que los lobos juntaron de nuevo. Y
desde aquella época las ardillas han vivido arriba de los árboles
donde están a salvo. Los lobos se volvieron más listos y aprendieron
a ser buenos cazadores.

The Wisdom of the Animals
La sabiduría de los animales

The vulture sees the future. He has knowledge of life and death.

El zopilote ve el futuro. El tiene un conocimiento profundo de la vida y de la muerte.

The squirrel is very clever. He avoids trouble by climbing to a higher level.

La ardilla es muy lista. Ella evita el peligro alcanzando niveles más altos.

The turtle is thoughtful and patient. He protects himself well without harming others.

A la tortuga le gusta meditar y es paciente. Ella se protege bien sin hacerles daño a los demás.

The wolf is great in both intelligence and instinct. He is a good hunter who protects and provides for himself and his family.

El lobo es grandioso, tanto por su inteligencia como por su instinto. El es un buen cazador que se protege y se mantiene a sí mismo, así como a su familia.

About the Illustrations

To create his yarn paintings, MODESTO RIVERA LEMUS starts with a stiff wooden board. First, he spreads beeswax and pine pitch all over the board with his hands. Then he draws a design onto the sticky surface with a sharply pointed tool. Finally, he fills in his design by carefully pressing in colorful yarn.

Modesto Rivera Lemus with his wife and child in their home.

Sobre los ilustraciones

Para crear sus cuadros de estambre, MODESTO RIVERA LEMUS empieza con una tabla rígida de madera. En primer lugar, extiende con sus manos cera de abeja y resina de pino por toda la tabla de madera. Entonces dibuja su diseño en la superficie pegajosa con una herramienta afilada. Por último, rellena su deseño aplicando con cuidado estambre de colores vivos.

About the Huichol People

THE HUICHOL PEOPLE are indigenous people who live mostly in the states of Jalisco and Nayarit in western Mexico. Before the recent construction of roads into their remote area, the Huichol lived pretty much the way they had for centuries. When Mexico was modernized, many Huichol lost their original fertile lands and hunting grounds. Despite this, their agricultural and hunting culture remains rich in spiritual, social and artistic development.

The Huichol preserve their history and culture through traditional stories and elaborate ceremonies that show how they respect nature and hold it sacred.

They pray for the well-being of the entire world and all humanity.

Sobre la gente huichol

LOS HUICHOLES son indígenas que viven principalmente en los estados de Jalisco y Nayarit al oeste de México. Antes de la reciente construcción de caminos por sus regiones más remotas, los huicholes vivían más o menos como habían vivido desde hacía siglos. Cuando se modernizó México, muchos de los huicholes perdieron sus terrenos fértiles y sus zonas de caza. Pese a esto, su cultura, de tipo agrícola y cazadora, sigue siendo rica en su desarrollo espiritual, social y artístico.

Los huicholes preservan su historia y su cultura por medio de cuentos tradicionales y ceremonias complejas que muestran cuánto respetan a la naturaleza y cuán sagrada es para ellos.

Ellos rezan por el bienestar del mundo entero y por toda la humanidad.

About the Author / Sobre la autora

BONNIE LARSON is a Spanish Language graduate of U.C.L.A. She is also a former Montessori teacher and founder and administrator of alternative schools. She has made many trips to Tepic, Mexico, and the surrounding area where Huichol people live. She learned many traditional Huichol stories and the meanings of the yarn painting symbols from a Huichol shaman and various Huichol artists. She lives in Santa Fe, New Mexico, where she is involved in supporting various causes benefiting the Huichol people.

BONNIE LARSON es egresada de U.C.L.A. en idioma español. Anteriormente fue una maestra Montessori y fundadora y administradora de escuelas alternativas. Ha viajado muchas veces a Tepic, México, y a los alrededores donde viven los huicholes. Aprendío de un chamán y varios artistas huicholes muchos cuentos tradicionales y el significado de los símbolos usados en los cuadros de estambre. Vive en Santa Fe, Nuevo México, y participa activamente de apoyo a los huicholes.

About the Illustrator / Sobre el ilustrador

MODESTO RIVERA LEMOS , the narrator and illustrator of this tale, is an indigenous Huichol of Nayarit, Mexico. He spends part of the year in the town of Tepic, where his children attend school. He spends the rest of the year on a small ranch where he lives a traditional life of hunting, fishing and farming.

MODESTO RIVERA LEMUS, el narrador e ilustrador de este cuento, es un indígena huichol de Nayarit, México. Pasa parte del año en el pueblo de Tepic donde sus niños asisten a la escuela. El resto del año lo pasa en un ranchito donde vive una vida tradicional de caza, pesca y cultivo de la tierra.